€ 5,95

Elizabeth Clare Prophet

Mit Engeln arbeiten

MIT ENGELN ARBEITEN

ELIZABETH CLARE PROPHET

Aus dem Amerikanischen
von Christian Schweiger

SILBERSCHNUR

This book was originally published in English and printed in the U.S.A. This German edition is published under the terms of a License Agreement between Verlag „Die Silberschnur“ and Summit University Press.

Contact:
1 East Gate Road, Gardiner, Montana 59030, U.S.A.
Tel: 406-848-9500 – Fax: 406-848-9555 – Email: info@summituniversitypress.com
Website: http://www.summituniversitypress.com

Originaltitel: *How to work with Angels* from the Pocket Guides to Practical Spirituality Series by Elizabeth Clare Prophet

ISBN 3-89845-049-X

1. Auflage 2003

Gestaltung & Satz: XPresentation, Boppard
Druck: Finidr, s.r.o. Cessky Tesin, Tschech. Rep.

Verlag „Die Silberschnur“ GmbH · Steinstraße 1 · D-56593 Güllesheim

www.silberschnur.de | e-mail: info@silberschnur.de

Inhaltsverzeichnis

I.
Meine Beziehung zu Engeln

Eine meiner ersten Erfahrungen mit Engeln hatte ich, als ich gerade 18 Jahre alt geworden war und auf dem Navesink River in New Jersey Wasserski fuhr. Es war ein schöner Tag und wir fuhren auf dem Fluss in Richtung Meer. Ganz plötzlich fand ich mich in einer völlig anderen Dimension wieder – Tausende, nein Millionen Engel umgaben mich.

Ich sah, dass sie meine Freunde, Brüder und Schwestern, spirituelle Gefährten waren. Im selben Augenblick wurde mir klar, dass ich eine Berufung Gottes hatte und bald erfahren würde, wie ich sie erfüllen konnte. Ebenso plötzlich bestand nicht mehr der geringste Zweifel daran, dass ich nie mehr allein sein würde und die Engel mich ständig begleiten würden.

In all meinen Studienjahren, während denen ich versuchte, engeren Kontakt zu Engeln und anderen Lichtwesen aufzunehmen, verlor ich diese

Einsicht nie aus den Augen. 1961 lernte ich Mark Prophet, meinen Lehrer und späteren Mann kennen. Mark erhielt Offenbarungen von Engeln und anderen spirituellen Wesen, die wir als Aufgestiegene Meister bezeichnen. Bald verstand ich, dass es auch meine Berufung war, solche Offenbarungen, die wir auch Diktate nennen, zu empfangen.

Mark verließ 1973 diese Welt, und ich setzte seine Arbeit in der von ihm gegründeten Summit Lighthouse Organisation fort. In dieser Gruppe empfingen wir Tausende solcher Diktate, aus denen die meisten Engelszitate und Gebete dieses Buches stammen.

In all den Jahren der Kommunikation mit Engeln entstand eine enge Beziehung zu ihnen. Sie sind immer nahe und flüstern uns Worte der Warnung, Führung oder Ermutigung zu. Ich weiß, dass Erzengel Michael und seine Engel der blauen Flamme meine Familie und mich Dutzende Male vor ernsthaftem Schaden bewahrt haben. Meine „Engelssekretäre“ helfen mir sogar bei meiner Tagesplanung.

Mit den folgenden Seiten werden Sie lernen, Ihre eigene Beziehung zu Engeln zu knüpfen oder die bereits zu ihnen bestehenden Kontakte auszudehnen. Engel wollen an unserem Leben teilhaben. Sie sind dazu bereit, uns bei der Lösung unserer großen und kleinen Probleme beizustehen und uns unserem Höheren Ich, unserem wahren, spirituellen Wesen näher zu bringen.

Folgen Sie den Punkten dieses Buches und bald schon werden Sie spüren, wie die Engel in Ihr Leben eingreifen. Nehmen Sie vielleicht auch nicht unmittelbar wahr, wie sie in unserem Alltag umherschwirren, so werden Sie doch bald die Ergebnisse ihres Wirkens bemerken. Manchmal geschieht das schon, bevor wir überhaupt unsere Wünsche formulieren konnten.

Elizabeth Clare Prophet

ANMERKUNG: Alle Geschichten in diesem Buch sind wahr, wenn auch manche Namen abgeändert wurden.

II.

Mit Engeln arbeiten: Ein 10-Punkte-Programm

Wer von uns hat noch keine Geschichten von Engeln gehört? - Engeln, die Leute vor Klippen zurückhalten oder im letzten Moment vor einem Unfall bewahren. Sie warnen uns vor gefährlichen Situationen und helfen uns bei schwierigen Entscheidungen. Sie trösten, erleuchten und heilen.

Doch wie können wir die Engel dazu bewegen, uns zu helfen? Auf den folgenden Seiten lernen wir, eine Beziehung zu Engeln herzustellen, sodass sie uns antworten, wenn wir sie rufen. Wir werden über besondere Techniken sprechen, um Führung und Inspiration von Engeln zu bekommen, und sehen, wie Engel in das Leben der verschiedensten Menschen eingreifen: von den alltäglichsten Geschicken über Wunderheilungen bis hin zu Rettungen auf der Autobahn.

Beginnen wir diese Geschichten mit Alex, der eines Tages bei spiegelglatter Fahrbahn die Kontrolle über seinen Wagen verlor. Während das Auto dem Abgrund entgegenschlitterte, schickte er Erzengel Michael ein Stoßgebet. Heute erzählt er, wie sein Fahrzeug „von unsichtbarer Hand geschoben" plötzlich wieder in der Straßenmitte landete. Aber auch Zeugnisse von Menschen, die wie Verlene bei Prüfungsstress Hilfe von Engeln bekamen, gibt es genug.

Zuerst müssen wir uns wohl die Frage stellen: Was sind Engel und warum antworten sie auf unsere Gebete?

Wir können Gottes Engel mit den Strahlen der Sonne vergleichen. Gott schuf sie, um uns zu helfen und zu dienen. Ihre Existenzgrundlage besteht darin, sich um uns zu kümmern und unsere Gebete zu erhören. Auch wenn wir in der stofflichen Welt leben, besteht eine besondere Verbindung zwischen uns und Gott, welche durch die Engel gewährleistet wird. Jeder von uns trägt einen göttlichen Funken in sich, der uns ermöglicht, Engel um Hilfe zu bitten – und Resultate erwarten zu können!

Solange unsere Bitten positiv sind, keine Nachteile für andere nach sich ziehen und unseren Lebensplan nicht umstoßen, erhören Engel unsere Gebete. Solche Gebete müssen nicht nur uns selbst betreffen. Wir können sie durchaus auch bitten – ja auffordern –, größere Aufgaben zu erfüllen, wie z.B. Verbrechen zu verhüten oder Kinder vor Gewalt oder Drogen zu bewahren.

Engel warten nur darauf, von uns vor solche Aufgaben gestellt zu werden. Denn es gibt eine Regel, gegen die sie nur selten verstoßen: Sie greifen nicht in unsere Welt ein, solange wir sie nicht darum bitten. Diesen Umstand dürfen wir nie aus den Augen verlieren, wenn wir den folgenden 10-Punkte-Plan studieren, der uns helfen wird, Engel für uns arbeiten zu lassen.

Denn Er befiehlt seinen Engeln, dich zu behüten auf all deinen Wegen.

Psalm 91:11

1

Raum für Engel in unserem Leben schaffen

Engel leben in der spirituellen Welt, die wir Himmel nennen, während sich unser Leben in der stofflichen Welt abspielt. Da es die Engel immer zu ihrer himmlischen Heimat zieht, müssen wir zuerst versuchen, uns ihrer Welt etwas anzupassen und unsere Gedanken, Gefühle, ja unser ganzes Umfeld mehr nach ihnen auszurichten, damit sie sich in unserer Welt wohlfühlen. Um es mit den Worten aus den Briefen des Hl. Jakob auszudrücken: „Nähere dich den Engeln und sie werden auch dir näher kommen."

Engel fühlen sich mit Gedanken des Friedens und der Liebe am wohlsten. Zorn und Aggressivität sind ihnen fremd. Fällt es uns vielleicht auch schwer, den unverschämten Fahrer, der uns auf dem Heimweg den Weg abgeschnitten hat, ganz zu vergessen, so kann uns das Gespräch mit den Engeln doch wieder zur Ruhe bringen.

Solche Gespräche sollten täglich ein paar Minuten stattfinden. Schaffe dir zuerst eine „störungsfreie Zone“, d.h. schalte Fernseher und Radio aus und gehe allein in ein Zimmer oder zu einem ruhigen Fleck in freier Natur. Stelle dir einen Engel so bildlich wie möglich vor und versuche, mit ihm zu kommunizieren. Ein Bild unseres Lieblingsengels kann hierbei durchaus hilfreich sein.

Wir können ganz frei mit den Engeln über unsere Probleme sprechen, ganz so, als ob wir mit einem engen Freund plauderten. Wenn wir damit fertig sind, sind wir dran mit zuhören. Still lauschen wir nun den Gedanken, die die Engel uns in den Sinn kommen lassen. Einige Techniken, die später in diesem Buch behandelt werden sollen, können uns dabei helfen, den Fluss der positiven Energie der Engel zu verstärken.

Schon bald wird unser Verhältnis zu Engeln immer stärker werden. In dieser Aufwärtsspirale werden wir uns zusehends besser fühlen. Und gerade dieses positive Lebensgefühl wird uns den Engeln noch näher bringen.

2

Laut beten

Engel haben schon so manches stille Gebet erhört und viele unausgesprochenen Herzenswünsche erfüllt. Es ist also nicht unbedingt notwendig, laut zu beten, um ihre Aufmerksamkeit zu wecken. Das gilt vor allem für Orte, an denen wir nicht ungestört sind, wie z. B. bei Geschäftstreffen oder in der U-Bahn. Doch wird ihre Antwort klarer ausfallen, wenn wir laut zu ihnen sprechen.

In unserer Stimme liegt Kraft: Kraft, zu schaffen und Kraft, zu zerstören. „Am Anfang war das Wort", heißt es in der Bibel, und Gott bedient sich mit seinen Worten „Es werde Licht!" dieser Kraft. Der Gebrauch der Sprache kann wichtige Veränderungen in unserem Leben bewirken.

Gesprochene Gebete gibt es in den verschiedensten Formen: Schon seit Menschengedenken wenden sich die Menschen in Liedern und Hymnen an die Engel. Dasselbe gilt für strukturierte

Gebete wie das „Vaterunser“ und das freie, spontane Gebet, in dem wir unsere tiefsten Sehnsüchte mitteilen. All diese Gebetsformen können mit den Dekreten und Anrufungen kombiniert werden, die in diesem Buch erwähnt werden.

Dekrete ermöglichen dem Menschen, für konstruktiven Wandel mit Gott zusammenzuarbeiten. Mit diesen gesprochenen Gebeten können wir die Energie Gottes in unsere Welt fließen lassen. So genannte Fiats sind hingegen kurze Stoßgebete wie „Hilf mir, Erzengel Michael, oh hilf mir!“ und ersuchen um den dringenden Eingriff von Engeln.

Wir sollten all unsere Dekrete und Anrufungen mit lauter und fester Stimme sagen. Dabei dürfen sie nicht nur in die Kirche oder vor den Hausaltar verbannt werden, sondern sollten überall, auf dem Weg zur Bushaltestelle, im Auto, in den Bergen und natürlich ganz besonders in Notsituationen stattfinden. Wir werden sehen, wie die Tore des Himmels sich für uns öffnen werden!

3

Den Namen Gottes benutzen

Gott ist in jedem von uns. Wenden wir uns mit unserem Funken Gottes an die Engel, können sie uns mit all der Kraft des Universums antworten. Als Gott sich Moses im brennenden Dornbusch offenbarte, gab er nicht nur seinen Namen – ICH BIN, DER ICH BIN –, sondern auch die wahre Natur der Menschheit preis. Wir selbst sind dieser Busch, und das Feuer ist unser Gottesfunke, den er uns als seinen Söhnen und Töchtern gab. In diesem Funken liegt die Kraft, in Gottes Namen zu wirken und den Engeln zu befehlen.

Jesus berief sich auf diesen Namen Gottes, als er sagte „ICH BIN die Auferstehung und das Leben". Jedes Mal, wenn wir sagen „ICH BIN …", unterstreichen wir, dass Gott in uns ist. Sagen wir z. B. „ICH BIN die Erleuchtung", so verstärkt die Kraft Gottes in uns unsere ohnehin vorhandene Eigenschaft der Erleuchtung. Viele Dekrete und

Anrufungen in diesem Büchlein bedienen sich deshalb des Namens Gottes ICH BIN, DER ICH BIN. Versuchen wir es, so werden wir eine zusätzliche Kraft in unseren Gebeten erfahren.

4

Gebete und Dekrete täglich sprechen

Die Engel sind ständig in unserer Nähe, auch wenn wir nicht immer in der Lage sind, mit ihnen Kontakt aufzunehmen. Um sicher zu gehen, dass die Engel unseren Rufen antworten, muss durch tägliche Kommunikation ein sicherer Pfad von unserem zu ihrem Herzen geschaffen werden. Am besten reservieren wir uns dazu einen bestimmten Zeitpunkt des Tages für unsere Gebete. Das muss gar nicht lang sein. Fünf Minuten ist schon ein guter Anfang.

Michael, ein Automechaniker, erzählt, dass Engel ihm ständig helfen. Seine täglichen Dekrete ermöglichen ihm, immer auf derselben „Wellenlänge" mit den Engeln zu sein. „So bin ich einfach besser auf sie eingestellt." Sein tägliches Dekret versichert ihm, dass die Engel auch dann da sind, wenn er sie um Hilfe bittet. Er sagt, sie helfen ihm sogar, verlorene Teile innerhalb weniger

Sekunden zu finden und Pannen mit großer Treffsicherheit zu bestimmen.

Unser tägliches Gebet hilft aber nicht nur uns selbst, sondern auch Menschen, die wir gar nicht kennen. Engel pflegen einen wesentlich engeren Kontakt mit Menschen, die täglich Gottes Licht anrufen, um mit ihnen an der Heilung unseres Planeten zu wirken. Haben sie diese Partner einmal gefunden, so lassen sie ihr eigenes Licht durch sie fließen, um all jenen zu helfen, die großen Gefahren, Katastrophen und schweren Krankheiten ausgesetzt sind. Unser tägliches Gebet kann demnach also wirklich die Welt verändern.

5

Um Hilfe bitten

Auch wenn wir bereits eine feste Beziehung zu Engeln hergestellt haben, dürfen wir nicht vergessen, sie um Hilfe zu bitten, wenn wir sie brauchen. Die Engel achten unseren freien Willen. Sie werden nur selten in unser Leben eingreifen, ohne dass wir sie darum ersuchen. Meist warten sie höflich darauf, von uns gerufen zu werden.

So erzählt Michael (der Mechaniker), dass er oft lange über einem Problem grübelt, bevor ihm einfällt, dass er ja um Hilfe bitten könnte. „Manchmal versuche ich eine Viertelstunde lang, eine Mutter an einer Stelle anzuschrauben, die nicht einsehbar ist. Dann sage ich: ‚Ach Engel, helft mir doch bitte mit dieser Geschichte!', und plötzlich sitzt sie."

Mit Engeln arbeiten

6

Gebete und Dekrete wiederholen

Gebete und Dekrete wirken stärker, wenn sie wiederholt werden. Manche Protestanten vermeiden es, Gebete öfter zu sagen, da sie dies als eine sinnlose Wiederholung verstehen, vor der schon Jesus warnte (Matt. 6:7). Sie meinen, es sei nicht nötig, Gott mehr als einmal um etwas zu bitten. Die katholische und orthodoxe Kirche hingegen wiederholen nicht nur das „Vaterunser" oder „Ave Maria" häufig. Auch die jüdische Mystik ergeht sich in der häufigen Wiederholung der Namen Gottes. Für manche Mystiker wird die Wiederholung zum „endlosen Gebet" (I Thess. 5:17).

Durch jede Wiederholung eines Gebets senden wir Gott und den Engeln mehr Lichtenergie. Für die Engel ist dieses Licht wie eine Saat, die sie in ihr eigenes Licht betten, indem sie unser Gebet erhören. Wir können bestimmte Gebete also durchaus täglich wiederholen, bis sie erhört worden sind.

Mit Engeln arbeiten

7

Gebete richtig adressieren

Tropft ein Wasserhahn im Haus, so bestellen wir einen Installateur. Wollen wir vor einem Straßenraub bewahrt werden, rufen wir einen Schutzengel. Wollen wir eine Beziehung retten, wenden wir uns an die Engel der Liebe.

Engel haben verschiedene Aufgaben. Außerdem schwingt ihre jeweilige Energie auf verschiedenen Frequenzen, die wiederum verschiedenen Farben entsprechen. Auf den folgenden Seiten gehen wir auf sieben Engelsgruppen ein, denen die sieben Erzengel vorstehen. So wird auch klar, welche Engel wir für bestimmte Zwecke anrufen können.

Weder die sieben Erzengel noch die Beziehung der Engel zu bestimmten Farben oder dem spirituellen Feuer sind neu. Die Juden schrieben schon im 3. vorchristlichen Jahrhundert von den sieben Erzengeln. Auch sie gingen davon aus, dass alle

Engel von spirituellem Licht umgeben sind und in den verschiedensten Farben erscheinen.

Unsere Beziehung zu den diversen Engeln kann klarer werden, wenn wir den Erzengel anrufen, der für unser bestimmtes Anliegen „zuständig“ ist.

8

Präzise beten

Engel sind stolz darauf, präzise auf unsere Anrufungen zu antworten. Je genauer unsere Bitte, desto spezifischer ist demnach auch die Antwort darauf. So lange unser Leben in Harmonie mit der universellen Lebensquelle ist und wir unsere Energie in den Dienst unserer Mitmenschen stellen, werden uns die Engel auch in den kleinsten Details unseres Lebens Hilfe leisten.

Die Geschichte von der Frau, die eine Einkaufsliste für Gott erstellte, da sie während des letzten Weltkrieges keinen Heller mehr hatte, um die Einkäufe selbst zu besorgen, ist ein inspirierendes Beispiel. Mit dieser Liste bat sie Gott um alle Dinge, die sie benötigte, um ihre Familie am Wochenende zu versorgen. Wenige Stunden später stand tatsächlich ein Mann mit einem Korb vor der Tür, in dem sich alles befand, worum sie gebeten hatte, vom Kalbfleisch über die Kartoffeln bis hin zum Mehl für den Kuchen.

Eine andere Frau bat die Engel um einen Lieferwagen. Danette suchte nach einem gebrauchten Toyota Runner mit Vierradantrieb, doch wusste sie genau, dass sie sich ein solches Fahrzeug unter normalen Umständen nie leisten können würde. Also beschloss sie, die Sache den Engeln zu überlassen.

Sie schrieb ihren Wunsch in allen Details auf ein Papier: Baujahr, Farbe, Leistung, Preis, Kilometerstand, ja sogar die Reifenmarke, die sie sich für ihren Traumwagen wünschte. Der Lieferwagen sollte über einen guten Motor, Servolenkung, ABS, Zentralverriegelung, elektrische Scheiben und Klimaanlage verfügen. Sie schnitt ein Foto dazu aus einer Autozeitschrift und steckte es in ihre Brieftasche. Bei ihrem täglichen Gebet von 15 bis 45 Minuten legte sie dieses Foto und die Liste vor sich auf den Tisch und betrachtete sie.

Nach ein paar Wochen Anzeigensuche begann Danette, etwas zu zweifeln, doch gab sie nicht auf: „Ich wusste, die Engel arbeiteten an meinem Projekt. Und ich wollte mich nicht mit weniger zufrieden geben.“ Schließlich entschloss sie sich, ihre Suche in einer anderen Stadt, 12 Stunden entfernt, fortzusetzen, obwohl ihr ihre Freunde dort klarzumachen versuchten, dass so ein Wagen mit ihrem Budget nirgends zu finden sei.

Als sie jedoch in die Zeitung blickte, stand es dort schwarz auf weiß: „Da war mein Traumauto – um 3.000 Euro weniger zu haben, als alle anderen, die ich bisher gesehen hatte.“ Das Inserat war an jenem Tag zum ersten Mal erschienen, und der Wagen entsprach ihren Vorstellungen in allen Details – bis hin zur Klimaanlage. Ihre Bank genehmigte den Kredit, und sie dankte auf dem ganzen Heimweg in ihrem neuen Lieferwagen den Engeln.

Je detaillierter unsere Anfrage, desto mehr wird uns das Ergebnis zufrieden stellen.

Mit Engeln arbeiten

9

Wünsche visualisieren

Wir können unsere Gebete bekräftigen, indem wir ihnen ein starkes geistiges Bild, von genau dem, was wir wollen, beifügen. Visualisieren Sie außerdem Probleme und heikle Situationen in strahlendem Licht. Wie in Danettes Fall kann es auch helfen, sich auf ein bestimmtes Bild zu konzentrieren. Hier ein Beispiel, wie das Visualisieren funktioniert:

Das Auto von ein paar Studenten begann auf ihrer Heimkehr von einem spirituellen Seminar, heiß zu laufen. Da keiner von ihnen über die Mittel verfügte, den Wagen reparieren zu lassen, beschlossen sie, die Engel um Hilfe zu bitten.

„Jedes Mal, wenn die Nadel der Temperaturanzeige in die rote Zone stieg", erzählt Kevin, der Fahrer, „schickte ich den Engeln ein Stoßgebet. Ich bat alle Insassen, sich so bildlich wie möglich vorzustellen, wie Schnee, kristallklares Bergwasser und

Eis den ganzen Motor umhüllten. Die Nadel kam praktisch unmittelbar auf ihre Normalposition zurück."

Die Gruppe kam dank der Engel und dieser effizienten Visualisierungstechnik heil zu Hause an. Natürlich ist es besser, solche Engelshilfe wenn möglich mit professioneller Hilfe zu kombinieren...

10

Seien wir auf Überraschungen gefasst!

Jeder, der sich Gedanken über Engel macht, hat sich schon einmal die Frage gestellt, warum sie manche Gebete erhören und manche nicht. Warum beten manche jahrelang vergeblich für etwas, was anderen auf Anhieb zufällt? Warum werden manche Häuser bei einer Flutkatastrophe oder Feuersbrunst verschont und andere nicht?

Die Engel hören all unsere Gebete mit Sicherheit. Doch müssen auch sie sich den Gesetzen des Karmas fügen, welches durch unsere bisherigen Taten in diesem und in früheren Leben gebildet wird. Engel sind weder Flaschengeister noch Weihnachtsmänner. Unsere Gebete und Verehrungen können die Folgen des Karmas nur selten aufheben, wenn sie sie auch ganz gewiss positiv beeinflussen.

Die Engel hören all unsere Gebete. Damit sie jedoch unsere Wünsche gewähren können, müssen sie drei Bedingungen erfüllen: 1. Sie dürfen unserem Lebensplan (oder Karma) nicht widersprechen. 2. Sie dürfen keine negativen Folgen für andere nach sich ziehen. 3. Der Zeitpunkt muss richtig sein.

Wir können jahrelang Lotto spielen, ohne jemals zu gewinnen, doch bekommen wir vielleicht eine unerwartete Gehaltserhöhung oder eine neue Stelle, die unser Leben in ungeahnte Bahnen lenkt. Vielleicht konnten die Engel unseren Geldwunsch aber auch nicht erfüllen, da unsere Seele in diesem Leben lernen sollte, sich ihren eigenen Unterhalt zu verdienen. Doch haben sie sicher so auf unseren Wunsch geantwortet, wie es für uns am besten war.

Wer den Schritten in diesem Buch folgt und immer noch keine Antwort bekommt, dem wollen die Engel vielleicht etwas mitteilen. Vielleicht sollte er sein Gebet überdenken und anders formulieren. Wir sollten in solchen Situationen aber nicht aufhören zu beten und können sicher sein, dass die Engel antworten und dabei nur das Beste für unsere Seele wollen. (Siehe dazu auch das nächste Kapitel.) Gebete tragen immer Früchte. Wir müssen nur an der rechten Stelle nach ihnen suchen.

EIN GEBET WIRD ERHÖRT

Seit ihrem 16. Lebensjahr hatte Lucy Krasowski die Vorahnung, sie würde mit 30 eines gewaltsamen Todes sterben. Auch nach ihren Jugendjahren begleitete sie dieses Gefühl. Mit 25 begann sie daher, Gott zu bitten, sie vor dem gefürchteten Tod mit 30 zu bewahren.

In der Zwischenzeit war sie Polizistin in Montreal geworden. Obwohl die kanadischen Polizisten seltener Gewalt ausgesetzt sind, als ihre amerikanischen Kollegen, fühlte sich Lucy in Gefahr und bat Gott um Schutzgebete. Sie hatte gehört, dass Erzengel Michael der Schutzengel der Polizisten sei, und konzentrierte sich daher besonders auf ihn.

Mit 30 lernte sie in einer Studiengruppe des Summit Lighthouse verschiedene Dekrete und

Gebete wie etwa das Stoßgebet „Erzengel Michael, hilf mir! Hilf mir! Hilf mir!“. Außerdem betete sie mehrmals täglich: im Auto, bei Arbeitspausen und anderen Gelegenheiten. „Ich befand mich fast in ständiger Kommunion mit den Engeln“, erinnert sie sich.

Am 22. Mai 1993 betete Lucy 2 Stunden zu Erzengel Michael, bevor sie sich um 8 Uhr abends zur Arbeit einfand. An diesem Abend suchte sie mit ihrem Kollegen nach einem Vergewaltigungsverdächtigen. Sie hielten bei einem Mann und fragten ihn, ob er etwas gesehen hätte. Dieser zog sofort eine 9 mm Pistole und forderte ihre Waffen. Als die beiden zögerten, schoss er Lucy in den Kopf, ins Gesicht und ins Bein und ihren Kollegen ebenfalls in den Kopf.

Lucy stieß die Tür des Fahrzeugs auf, fiel auf den Boden und suchte Schutz unter dem Wagen. „Herr Michael! Hilf mir! Hilf mir! Hilf mir!“, rief sie laut. Der Verbrecher muss geglaubt haben, dass sie ein anderes Fahrzeug um Hilfe rief, und lief erschrocken davon. Das gab ihr die Gelegenheit, nun wirklich ans Funkgerät zu gelangen. (Der Schütze wurde später gefasst und verurteilt.)

Obwohl Lucy schwere Verletzungen davontrug, hatten die Kugeln ihre Wirbelsäule und Schlagadern doch nur knapp verfehlt. Ihr Chirurg erzählt, sie sei dem Tod nur um wenige Millimeter entronnen.

Sie schreibt diesen Umstand wie auch ihre rasche Genesung Erzengel Michael zu. Sie erlitt keinen Schock und war schon nach zwei Tagen wieder auf den Beinen. Zehn Tage später verließ sie das Krankenhaus. Obwohl ihr Gehör zunächst in Mitleidenschaft gezogen worden war und ein paar Gesichtsmuskeln gelähmt sind, hört sie heute fast wieder normal. Lucy ist schwer beeindruckt von ihrer Genesung, besonders weil ihr die Ärzte anfangs prophezeit hatten, sie würde wohl nie wieder mit dem rechten Ohr hören können.

Doch warum behütete sie Erzengel Michael nicht schon vor den Schüssen? Lucy glaubt, dass ihr Karma – die gehäuften Folgen vergangener Taten – dies nicht zuließ. Doch ist sie fest davon überzeugt, dass ihre Gebete ihm ermöglichten, die Kugeln so abzulenken, dass sie am Leben blieb. Sollte ihr karmisches Schicksal also tatsächlich gewesen sein, mit 30 erschossen zu werden, so vermochten ihr Lebenswille und ihre Entscheidung zum Gebet, ihr „Schicksal" zu wandeln.

„Mein Karma ließ nicht zu, den Kugeln Einhalt zu gebieten, doch war Erzengel Michaels Eingriff ebenso gut. Er hat mir das Leben gerettet. Gott erhört unsere Gebete nicht immer so, wie wir uns das gerade vorstellen."

III.
Schutzengel

Farbe: Blau

Erzengel: Michael, „Der ist wie Gott“

Spirituelle Heimat:
Banff am Lake Louise, Kanada

Gewähren:

- *Spirituelle Gaben:* Befreien von Angst und Selbstzweifel, Stärkung des Glaubens und Vollendung der Seele.

- *Praktische Hilfe:* Schutz vor materieller und spiritueller Gefahr – von Verkehrsunfällen über Einbruch, körperliche und psychische Angriffe bis hin zur Austreibung von Dämonen.

- *Dienst an der Welt:* Inspirieren Führer und verbessern Regierungen.

Mit Engeln arbeiten

Nicht nur in jüdischen und christlichen, sondern auch in islamischen Schriften wird Erzengel Michael verehrt. In der jüdischen Mystik wird er als das Oberhaupt der Schar Gottes bezeichnet. Er erschien Josua vor der Schlacht um Jericho, führte das Volk Israel durch die Wüste und rettete drei hebräische Knaben vor dem Feuertod durch Nebukadnezar.

Erzengel Michael und seine Schar von Schutzengeln erhören unsere Hilferufe am besten, wenn wir täglich zu ihnen beten. Tausende Menschen erzählen von Wundern, die ihrer Ansicht nach nur durch ihre enge Beziehung zu den Engeln des blauen Lichts möglich war.

Ein Beispiel ist Daniel. Daniel ist Pilot bei einer Fluglinie. Er hatte damit begonnen, etwa 20 Minuten täglich Dekrete an die Schutzengel zu übermitteln. Eines Tages fuhr er seine beiden Söhne auf einem Traktor in der Nähe seines texanischen Heims spazieren, als ein großer Ast von einem Baum brach und ihm ins Genick und auf den

Rücken schlug. Obwohl sein Rücken blutüberströmt war, gelang es ihm noch, den halben Kilometer bis zum Haus zurückzulegen. Er erinnert sich heute nicht mehr an diese Fahrt, aber sein damals 4-jähriger Sohn schildert die Begebenheit folgendermaßen: „Papa fuhr den Traktor nach Hause, aber ein großer blauer Engel kam vom Himmel und saß vorne auf dem Traktor." Der Engel versicherte ihm, dass sein Vater wieder gesund werden würde.

Tatsächlich erholte sich Daniel rasch ohne jeglichen, chirurgischen Eingriff, obwohl die Ärzte überrascht waren, dass er den Unfall ohne Querschnittslähmung überstanden hatte. Er selbst glaubt, dass seine Dekrete den Schutzengeln ermöglichten, ihm beizustehen. (Siehe auch die Gebete und Dekrete im letzten Teil dieses Buches.)

HILFE DURCH ERZENGEL MICHAEL

Kelly und ihre Freunde Wayne, Russell und Heather hatten erst vor kurzem begonnen, Dekrete an Engel zu senden, als sie ihren Beistand plötzlich dringend benötigten. Die vier Freunde hatten sich in Wayne's Kleinwagen gezwängt, noch ein „Reiseschutzdekret" an Erzengel Michael geschickt und waren zu einem Picknick der Kirchengemeinde aufgebrochen.

Kurz nach der Autobahnabfahrt fuhr ein voll beladener 18-Rad-LKW über eine rote Ampel, stieß mit voller Wucht in ihr Auto und schleifte es fast 200 Meter weit mit sich, bis er zum Stillstand kam.

Kelly saß auf dem Rücksitz auf der Seite, in die der LKW gerast war. Sie steckte von den Füßen bis zum Oberkörper in zerquetschtem Blech und ein Rad des Lkws drückte ihr die Luft ab.

„Betet!“, rief Heather vom anderen Rücksitz. Kelly brachte keinen Ton heraus, schickte jedoch ein stilles Stoßgebet an Erzengel Michael. So unglaublich es auch klingen mag, Kelly schwört auch heute noch, dass der Laster sich unmittelbar danach um ein paar Zentimeter hob und sie ihren Oberkörper in diesem Augenblick aus der tödlichen Umarmung drehen konnte. Dann sackte der LKW erneut ab. „Plötzlich konnte ich wieder atmen“, erzählt Kelly, und ihre ersten Worte waren „danke, Erzengel Michael“.

Sie erzählt, wie sie während der zwei Stunden, die die Rettungsmannschaften benötigten, um sie aus dem Autowrack zu schweißen, „völlig ruhig“ blieb und von der Anwesenheit Michaels und seinen Engeln getröstet wurde.

Nach drei chirurgischen Eingriffen hat sie heute nur noch ein wenig Hüftbeschwerden, mit denen es sich, wie sie sagt, leben lässt. Wayne blieb unverletzt, Russell erlitt eine Gehirnerschütterung und Heather brach sich den Arm. Kelly ist sich sicher, dass Erzengel Michael ihnen an diesem Tag das Leben rettete.

— FIAT —

ERZENGEL MICHAEL!
HILF MIR! HILF MIR! HILF MIR!

IV.
Engel der Erleuchtung

Farbe: Gelb

Schutzengel: Jophiel, „Gottes Schönheit“

Spirituelle Heimat:
In der Nähe von Lanchow, nördliches Zentralchina.

Gewähren:

• *Spirituelle Gaben:* Weisheit, Erleuchtung, Verständnis, Inspiration, Wissen, Hellsicht, Verbindung mit unserem Höheren Ich

• *Praktische Hilfe:* Hilfe bei der Aufnahme von Informationen, der Vorbereitung und beim Bestehen von Prüfungen, Befreiung von Abhängigkeiten und Süchten; Bekämpfung von Unwissen, Stolz und Engstirnigkeit.

• *Dienst an der Welt:* Decken Machenschaften in Politik und Wirtschaft auf; bekämpfen Umweltverschmutzung und schützen unsere Umwelt.

Wir alle kennen die Comics und Zeichentrickfilme, in denen eine Glühbirne erscheint, um einen plötzlichen Einfall darzustellen. Auch Einstein erzählt von einem „plötzlichen Blitz der Eingebung“, auf dem seine Relativitätstheorie beruht. Doch woher kommen solche Eingebungen?

Viele haben wir Erzengel Jophiel und seinen Engeln der Erleuchtung zu verdanken, die uns für einen Augenblick das göttliche Verständnis offenbaren, welches aller Kreativität zugrunde liegt. Diese Engel spenden uns Inspiration und schenken uns lebensverändernde Eingebungen. Durch sie nähern wir uns unserem Höheren Ich. Sie helfen uns, Informationen aufzunehmen und neue Fähigkeiten zu erlernen. Ihre Hauptaufgabe besteht darin, uns klarzumachen, dass wir mit Gott eins sind. Diesen Umstand zu ignorieren ist die Grundlage alles Unwissens.

Mit diesen Engeln zu verkehren erleichtert die mystische Verschmelzung mit unserem Höheren Ich, befreit uns von Selbstzweifeln, mangelndem

Selbstbewusstsein und Abhängigkeit jeglicher Art – von der Schokolade bis zum Nikotin. Durch sie können wir nicht nur unser Denkvermögen steigern, sondern auch größere Bereiche unseres Gehirns nutzen.

Wir sollten also versuchen, die Fragen, die uns durch den Kopf gehen, mit den Engeln zu teilen und sie um Rat bitten, wie wir bestimmte Probleme am besten anpacken können. Bitten Sie die Engel, Sie zu einem Gedicht zu inspirieren, Ihnen die Handlung Ihres neuen Romans oder die Argumentation Ihrer Abhandlung einzuflüstern. Wir können uns absolut auf sie verlassen. Außerdem wird die tägliche Anrufung der Flamme der Erleuchtung uns auch unserem Höheren Ich näher bringen.

PRÜFUNGEN BESTEHEN

Wem ist es noch nicht passiert, dass er sich hart für eine Prüfung vorbereitet hat und sich plötzlich an nichts mehr erinnert, als das Papier auf dem leeren Tisch vor ihm liegt und die kostbare Zeit verrinnt.

Verlene fielen Prüfungen schon immer schwer. Sie konnte noch so gut vorbereitet sein und stand doch in der Prüfungssituation vor dem großen Nichts. In ihren Vorbereitungskursen zur Maklerprüfung glänzte sie so, dass ihr Lehrer ihr vor dem Examen versicherte, dass sie dieses sicher „ausgezeichnet und mit links“ bestehen würde.

„Nein, sicher nicht!“, dachte sie sich dabei nur. „Das ist mir noch nie passiert!“

Und tatsächlich: Als sie im Prüfungsraum saß und ihren Umschlag öffnete, konnte sie sich wieder an nichts erinnern. Sie schickte ein stilles Stoßgebet an die Engel, ihren Verstand doch wieder hell werden zu lassen, und plötzlich schienen die Antworten nur so aus ihr herauszufließen. Ihre Feder flitzte – wie von Engelshand geführt – über das Papier, und sie bestand den Test.

Sie ist überzeugt, dass die Engel ihr halfen, diese innere Blockade zu überwinden. Wenn sie heute an die Situation zurückdenkt, sagt sie: „Es war herrlich. Ich hatte das Gefühl, eine Brise wehte durch mich hindurch."

— Fiat —

Engel hell wie die Gestirn,
erleuchtet doch mein Herz und Hirn!

V.
Engel der Liebe

Farbe: Rosa

Schutzengel: Chamuel, „Der Gott sieht“

Spirituelle Heimat: Saint Louis, Missouri

Gewähren:

- *Spirituelle Gaben:* Liebe, Mitgefühl, Barmherzigkeit, Kreativität, Verzeihung; Zerstreuung von Selbstsucht ebenso wie Selbstablehnung und Mangel an Selbstbewusstsein; bereiten uns auf den Heiligen Geist vor.
- *Praktische Hilfe:* Schutz gegen Bosheit, Verleumdung und Missverständnis; Bringen von neuen Freundschaften und Beziehungen; Lösung von Beziehungsproblemen; Stiftung gegenseitigen Verständnisses; Hilfe bei der Arbeitssuche und beim Wiederfinden verlorener Gegenstände.
- *Dienst an der Welt:* Überwindung von Völker- und Rassenhass.

Liebe kann ebenso sanft wie heftig sein. Dasselbe gilt für Erzengel Chamuel und seine Engel. Sie können von hauchdünnem Licht umgeben erscheinen, um ein verschrecktes Kind zu trösten oder aber ihre Rüstung anlegen, um die Kräfte der Grausamkeit und des Hasses zu bekämpfen, die so viel Unheil in Familien und Beziehungen stiften.

Die Engel der Liebe helfen uns, die Kräfte des Hasses, die alle gegenläufigen Tendenzen, wie Abhängigkeit, psychologische Probleme, Depressionen oder Zwangsverhalten verursachen, zu überwinden. Das starke Fiat an Chamuel und die Engel der Liebe ist besonders empfehlenswert, wenn wir Probleme haben, uns aus Abhängigkeiten wie Nikotinsucht zu lösen, wenn wir unter Minderwertigkeitsgefühlen leiden oder uns Kräften des Rassenhasses oder Nachbarschaftsstreits hilflos ausgesetzt fühlen. In solchen Krisensituationen sollte der zweite Teil des Stoßgebets „hinweg, ihr Kräfte des Hasses“ neun Mal oder noch öfter wiederholt werden.

Die Engel der Liebe lassen unser Leben sanfter verlaufen. Erzengel Chamuel ordnet seiner Engelschar an, sich wie ein Personalstab um unser tägliches Leben zu kümmern. Wir können sie ohne weiteres darum bitten, Aufgaben für uns zu erledigen, wichtige Treffen vorzubereiten und besondere Projekte für Familie, Beruf oder Kirche zu überwachen.

Sie sind wahre Experten der zwischenmenschlichen Kommunikation. Wir können sie darum bitten, dass sich die einzelnen Mitglieder unseres Haushalts besser verstehen oder uns selbst zu guten Zuhörern werden zu lassen, um besser auf die Bedürfnisse anderer eingehen zu können.

Wir sollten also besonders dann Gebete an die Engel der Liebe in unser tägliches Ritual aufnehmen, wenn sich die Kinder ständig in den Haaren liegen, wenn es Krach mit dem Partner, den Nachbarn oder dem Chef gibt oder wir uns nicht in der Lage sehen, die gewünschten Beziehungen zu unseren Mitmenschen einzugehen. Schon bald werden wir sehen, wie nicht nur wir, sondern auch unsere Mitmenschen sich wandeln werden.

— FIAT —

IM NAMEN GOTTES, ICH BIN DER ICH BIN,
UND IM NAMEN ERZENGEL CHAMUELS:
HINWEG, IHR KRÄFTE DES HASSES!

FINDER -ENGEL

Die verschiedensten Engel können uns helfen, verlorene Gegenstände wiederzufinden. Doch kümmern sich besonders die Engel der Liebe um unser persönliches Wohlergehen.

Um sie um Hilfe bei der Suche nach verlorenen Wertgegenständen, Kleidungsstücken oder auch nur verlegten Papieren zu bitten, rufen wir sie einfach an: „Engel der Liebe, bitte helft mir, dieses oder jenes zu finden.“ Ganz plötzlich kommt uns wieder in den Sinn, wo der gesuchte Gegenstand liegt, manchmal sehen wir ihn ganz bildlich vor uns oder finden ihn an einer Stelle, an der wir schon zuvor gesucht hatten.

Patricia hatte z. B. einen Ohrring in einem großen Einkaufszentrum verloren. Auf den Rat ihrer Freundin Carol hin rief sie – etwas skeptisch – die Finder-Engel um Hilfe an. Plötzlich landete ihr Blick unter einem Kassentisch, wohin ihr Ohrring gerollt war.

Alice, eine Krankenschwester, bittet die Engel regelmäßig um Hilfe bei der Suche nach verlorenen Gegenständen in ihrem Krankenhaus. Ihre Kollegen wenden sich nun häufig an sie, wenn scheinbar unauffindbare Spezialspritzen oder Schläuche dringend benötigt werden. „Es ist ganz, als ob mir die Engel in einer inneren Vision zeigten, an welcher Stelle ich suchen muss.“

Wir werden dir alle Wünsche erfüllen, solange wir dies vor Gott verantworten können.

Erzengel Chamuel

VI.
Engel der Führung

Farbe: Weiß

Schutzengel: Gabriel, „Gott ist meine Stärke“

Spirituelle Heimat:

Zwischen Sakramento und Mount Shasta, Kalifornien

Gewähren:

- *Spirituelle Gaben:* Führung in der Schöpfung unseres spirituellen Lebens; Offenbarung unseres Lebensplans und -zwecks; Ermutigung, Freude, Glück und Erfüllung.

- *Praktische Hilfe:* Helfen, Ordnung und Disziplin in unserem Leben zu schaffen; Organisation unserer emotionalen, mentalen und materiellen Umwelt. Dies kann auch konkrete Anschaffungen für den Haushalt oder aber auch neue Richtungen in Erziehung und Beruf betreffen.

- *Dienst an der Welt:* Helfen, Frieden zu stiften, Nahrungsmittel zu verteilen, medizinischen Beistand zu geben und Opfer von Naturkatastrophen zu umsorgen.

Gabriel und seine Engel der Führung helfen uns, unseren Lebenszweck zu verstehen und zu erfüllen. Im Buch Daniel hilft Gabriel dem Propheten bei der Interpretation seiner Visionen und verleiht ihm Weisheit und Einsicht. Im Lukas-Evangelium verkündet Gabriel Maria, dass sie den Sohn Gottes gebären wird. Nach islamischem Glauben unterrichtete Gabriel die Propheten und diktierte Mohammed den Koran.

Gabriel hilft uns mit seinen Engeln verstehen, welchen Plan unser Höheres Ich gemeinsam mit einem Rat spiritueller Wesen vor unserem Leben für uns ausgearbeitet hat. Sie erinnern uns daran, was wir zu tun haben, um diesen Lebensplan zu erfüllen und lassen uns die Menschen treffen, die uns dabei behilflich sein können.

Diese Engel helfen uns, unseren Lebensplan gegen alle möglichen Widersacher, wie Entmutigung, Spott und Armut zu verteidigen. Sie helfen uns, unser tägliches Leben so zu führen, dass wir unseren Verpflichtungen nachkommen und zugleich höhere Ziele anstreben können.

Die Engel der Führung wenden sich an uns, wenn wir uns bemühen, richtig zuzuhören. Am wirksamsten rufen wir den Beistand der Engel, wenn wir sie bitten, uns ihren Rat im Schlafe zukommen zu lassen. Oft tun sie dies jedoch bereits von sich aus.

So erwachen wir manchmal am Morgen mit einem wunderbaren, positiven Gefühl und wissen genau, was wir zu tun haben. Das ist ein ziemlich sicheres Zeichen, dass unsere Seele während des Schlafes im spirituellen Reich der Engel wandelte. Folgende Techniken helfen, solche nächtlichen Kontakte noch zu verstärken. Das Festhalten an diesen positiven Gefühlen ermöglicht uns ein Leben unter der Führung der Engel.

ENGEL ZU HAUSE AUFSUCHEN

Erzengel haben ihren spirituellen Sitz über bestimmten Kraftorten unserer Erde. Jedes dieser „Einkehrzentren" gleicht einer Sammelstelle für Engel und einer Schule, in der unsere Seelen während des Schlafs verweilen können.

Wir können solche Universitäten des Geistes, die über Bibliotheken und Vorlesungssäle verfügen, ganz bewusst aufsuchen, um uns praktisch über jedes Thema dieser Welt, von der eigenen Psychologie über zwischenmenschliches Verständnis bis hin zu mathematischen Konzepten, zu informieren. Unser Bewusstsein wird sich nach solchen nächtlichen Sitzungen nicht unbedingt alles Erlernten entsinnen, doch kann die Information in Geistesblitzen und Eingebungen wiederkehren.

Wählen Sie das gewünschte Einkehrzentrum je nach der angestrebten, spirituellen Arbeit. Hier ein Beispiel, das wir vor dem Schlafengehen beten können. Nur der Name des Erzengels und des Ortes variieren hierbei.

Im Namen meines Wahren Ichs rufe ich die Engel an, mein Seelenbewusstsein in das ätherische Einkehrzentrum von ______ [Erzengel Gabriel und seinen Engeln der Führung] *zu versetzen, welches* [zwischen Sacramento und dem Mount Shasta in Kalifornien] *liegt.*

Ich bitte darum, dass der Wille Gottes mich erfüllt und inspiriert. Ich bitte darum, dass ____ [Erzengel Gabriel und seine Engel der Führung] *mir helfen* [Wunsch einfügen]

Ich bitte, dass meinem wachen Bewusstsein alles Wissen zugänglich sei, welches zur Erfüllung meines Lebensplanes notwendig ist. Ich danke Euch und akzeptiere, dass all dies hier und jetzt mit voller Kraft geschieht.

Ich bin hier und werde dich
nicht verlassen, ... ,
bis du den Zweck deines
Daseins erfüllt hast.

Erzengel Gabriel

VII.
Engel der Heilung

Farbe: Grün

Schutzengel: Raphael, „Gottes Heilung“

Spirituelle Heimat: Fatima, Portugal

Gewähren:

- *Spirituelle Gaben:* Ganzheit, Vision, spirituelle Sicht, Eingebung der Wahrheit.

- *Praktische Hilfe:* Heilung von Körper, Geist und Seele; Inspiration für Studium und Musik, Mathematik, Wissenschaft, Heilkunde; Erfüllung materieller Bedürfnisse wie Ernährung, Kleidung, Unterkunft und Werkzeug.

- *Dienst an der Welt:* Versöhnung von Nationen, Heilung von Kriegsverwundeten, Eingebung für neue Heilmittel gegen Krankheiten.

Raphael ist der Engel der Wissenschaft, der Erkenntnis und der Heilung. In den jüdischen Schriften steht, wie er Noah die Heilkraft der Pflanzen offenbarte, einen Blinden heilte und einen Dämon fesselte. Für die Katholiken heilte er die Kranken von Bethesda. Auch das Buch Enoch erzählt, wie Raphael sich um die Heilung von Krankheiten und Wunden kümmert. Neben seinen Engeln der Heilung wirkt Raphael auch mit Maria, der Königin der Engel, gegen alle Krankheiten des Körpers, des Geistes und der Seele.

Nachdem wir uns also bei solchen Problemen um fachkundigen Beistand gesorgt haben, können wir diese Engel um Unterstützung bitten, indem wir sie ersuchen, die negativen Ursachen zu beseitigen, die für die Situation verantwortlich sind. Dann sollten wir sie darum bitten, dass sie die von uns gewählten Fachleute überschatten und durch sie wirken.

Während dieser Zeit sollten wir täglich zu den Engeln des Heilens beten und visualisieren, wie Gottes heilendes Licht die verletzte oder kranke Stelle mit smaragdgrünem Licht umgibt und in sie eindringt. Zugleich rufen wir auch die Schutzengel an, die Engel des Heilens zu unterstützen, da der Heilungsprozess oft durch Fremdkörper gefährdet ist – von Infektionen bis hin zu negativen Energien – und besonderen Schutz braucht.

Wir sollten nicht aufhören zu beten, wenn sich keine unmittelbaren Ergebnisse einstellen. Raphael hat erklärt, dass physische Heilung nicht immer möglich ist. Das gilt vor allem dann, wenn unser Karma für eine bestimmte Zeitspanne physischen Schmerz oder Krankheit erfordert. Doch können unsere Gebete dazu beitragen, die Wunden des Geistes und der Seele zu heilen, die dieses Karma ursprünglich verursachten.

Andererseits sollten wir durchaus auch auf wunderbare Ergebnisse gefasst sein. Man kann nie wissen, wann unsere Gebete oder ein Akt der Gnade erlauben, das Karma zu überwinden. Wenn die heilenden Engel eine gebrochene Seele oder einen kranken Körper wiederherstellen, wird ihre herrliche Arbeit ganz offensichtlich.

*Wir kommen zur Heilung
der Seele, des Geistes und
des Herzens, denn diese ist es,
die der Heilung des Körpers
vorausgeht.*

Erzengel Raphael

MARIA WEIST DEN WEG

Margaret war sich durchaus bewusst, dass Brustkrebs eine der Haupttodesursachen für Frauen in ihrem Alter ist. Daher unterzog sie sich auch regelmäßigen Untersuchungen. Dennoch wäre ihr das Knötchen in ihrer Brust vielleicht nicht rechtzeitig aufgefallen, wenn ihr nicht Hilfe von einer höheren Quelle zuteil geworden wäre.

Nachdem sie etwa drei Wochen täglich zur Heiligen Mutter Gottes gebetet hatte, bekam sie einen konkreten Beweis ihrer Anwesenheit. „Ich wachte mitten in der Nacht nach einem Traum auf. Eine wunderbare, leuchtende Hand kam wie durch Wolken zu mir herab und wies auf eine Stelle unter meiner linken Brust. Und tatsächlich lagen meine Finger in diesem Augenblick auf einem kleinen Knoten, der mir bis dahin nie aufgefallen war.“ Schon in den nächsten Tagen ließ sie sich den Knoten entfernen. Obwohl er kein bösartiges Gewebe enthielt, wurden abnormale Zellen festgestellt, die sich später durchaus zu Krebszellen entwickeln hätten können.

Zu Margarets Gebeten gehörten auch der Neue Rosenkranz und Lieder und Hymnen vom Album *Sanctissima*. Sie ist davon überzeugt, dass es die Kraft ihrer Gebete der Heiligen Mutter Maria ermöglichte, sie auf diesen Knoten hinzuweisen.

— Fiat —

Ich bin die Wiederauferstehung und das Leben in vollendeter Gesundheit, welches sich nun offenbart!

HEILSSEGEN VON DER KÖNIGIN DER ENGEL

Maria, die Mutter Jesu, gilt als die Königin der Engel. Ihr werden Tausende Wunderheilungen in aller Welt zugeschrieben. Besonders bekannt sind hierfür die großen Marienwallfahrtsorte Medjugorje in Bosnien und Lourdes in Frankreich. Auch viele Schüler der Ascended Masters („Aufgestiegenen Meister“) erzählten von Heilungen nach ihren Gebeten im Rahmen des „Scriptural Rosary for the New Age“ („Rosenkranzgebet für das Neue Zeitalter“), welches die Jungfrau Maria mir 1972 übermittelt hatte.

Dieser Rosenkranz enthält neben dem Vaterunser auch ein revidiertes „Gegrüßt seist Du Maria“, in dem wir uns nicht mehr als „Sünder“, sondern als „Söhne und Töchter Gottes“ bezeichnen. Maria hatte mir in einem Diktat erklärt, dass das Ave Maria nicht nur als Verehrung der Mutter Jesu, sondern vielmehr auch als eine

Würdigung des mütterlichen Aspekts Gottes gedacht sei. Daher erhalte jeder, der den Rosenkranz betet, Zugang zu der mütterlichen Kraft Gottes. Sie erklärte uns, dass Millionen von Engeln auf das Ave Maria antworten.

Wir sollten es drei Mal oder öfter nach unseren Herzensgebeten und Heilungswünschen beten.

Gegrüßet seist Du Maria, voll der Gnade.
Der Herr ist mit Dir.
Du bist gebenedeit unter den Frauen
Und gebenedeit ist die Frucht
deines Leibes, Jesu.
Heilige Maria, Mutter Gottes,
Bitte für uns Söhne und Töchter Gottes
Jetzt und in der Stunde unseres Sieges
Über Sünde, Krankheit und Tod.

VIII.
Engel des Friedens

Farbe: Purpur und rubinbesetztes Gold

Schutzengel: Uriel, „Das Feuer Gottes"

Spirituelle Heimat:
Tatragebirge südlich von Krakau, Polen

Gewähren:

- *Spirituelle Gaben:* Innerer Frieden, Geistesruhe, Auflösung von Zorn und Ängsten, gestärkte Hoffnung.

- *Praktische Hilfe:* Friedvolle Lösung von persönlichen, sozialen und beruflichen Konflikten; Hilfe bei der Schaffung eines harmonischen Umfelds für Kreativität und spirituelles Wachstum; Inspiration und Beistand für Krankenschwestern, Hospizarbeiter, Berater, Lehrer, Richter, Beamte und alle, die im Dienste anderer arbeiten.

• *Dienst an der Welt:* Beenden Kriege, bringen Frieden; schaffen Brüderlichkeit und gegenseitiges Verständnis; Offenbarung des göttlichen Rechts an Gerichten und zwischen Staaten.

Wir sind eure Begleiter,
eure Brüder und Schwestern,
eure Diener.
Wir wurden geschickt,
euch einen Dienst zu erweisen.
Ruft uns nur im Namen Gottes,
ICH BIN DER ICH BIN,
Und im Namen seines Sohnes
Jesus Christus,
Wenn ihr wollt, dass wir in eure
Angelegenheiten eingreifen.

Erzengel Uriel

1995 berichteten die Kosmonauten der Sowjetischen Raumstation Saljut 7, sieben riesige Engel in der Größe von Jumbo Jets von ihren Fenstern aus gesehen zu haben. Eine Kosmonautin erzählte: „Sie lächelten, so als ob sie ein herrliches Geheimnis mit uns teilten."

Bei diesen Engeln denken wir an Uriel und seine Engel des Friedens. Sie sind so groß und mächtig, dass sie scheinbar unüberwindbare Probleme – auch globalen Ausmaßes – mühelos mit dem Licht ihres wohlwollenden Lächelns beseitigen können.

Uriel wird nicht in der Bibel, dafür aber in anderen jüdischen und christlichen Texten erwähnt. In der jüdischen Tradition ist er gar jener, der „Israel das Licht bringt". Er ist aber auch als der Engel des Richtspruchs, des Donners und des Erdbebens bekannt. Im Vierten Buch Ezras unterrichtet er Ezra in den Geheimnissen des Universums.

Wir können uns Uriel und seine Engel des Friedens als solch riesige Wesen vorstellen, wie sie von den russischen Kosmonauten gesichtet wurden.

Sie bringen jedoch nicht nur Krisenherden dieser Welt Frieden, sondern auch in kleinerem Rahmen, unserer Familie oder auch uns selbst. Sie wirken schnell und ungeheuer stark. Rufen wir sie um Hilfe, verschwinden Probleme wie Wolken nach einem Gewitter. Bitten wir sie darum, sich Problemen unserer Welt anzunehmen, machen sich Millionen von Engeln an die Arbeit.

In unserem Familien- aber auch unserem intimsten Innenleben arbeiten sie wie die feinsten Chirurgen. Sie beheben Zwistigkeiten und helfen uns, Aufregung zwischen Familienmitgliedern zu beseitigen. Außerdem decken sie die Unruheherde in uns selbst auf, sodass wir nicht nur alte Wunden, sondern auch Zorn, Reizbarkeit, Selbstvernachlässigung, Gefühle der Hilflosigkeit, bewusste und unbewusste Ängste loslassen können. Es ist beeindruckend, wie sie unser Leben zu verändern vermögen, wenn wir sie in unseren Alltag lassen.

— FIAT —

ERZENGEL URIEL,
LASS MICH ZU EINEM WERKZEUG VON GOTTES
FRIEDEN WERDEN!

LOSLASSEN MIT ERZENGEL URIEL

Dazu setzen wir uns mit angezogenen, aber ungekreuzten Beinen so hin, dass die Fußsohlen flach auf dem Boden liegen. Wir konzentrieren uns völlig auf unser Herz. Die Hände legen wir zuerst übereinander auf unser Herz, und nach einer Weile so auf unsere Knie, dass die Handflächen nach oben weisen. Wir entspannen uns und atmen ruhig und gelassen.

Dann sagen wir leise zu unserem Körper und unserer Seele: „Friede, komm zur Ruhe." Das wiederholen wir, so oft wir wollen, aber immer drei Mal hintereinander. Dabei stellen wir uns vor, dass uns das purpur-goldene Licht der Engel des Friedens umgibt.

Wir atmen tief ein und lassen bei jedem Ausatmen alle Sorgen und Ängste in das Licht entschwinden. Wir können vor unserem inneren Auge sehen, wie sie sich beim Kontakt mit dem

Licht auflösen. Dann atmen wir erneut ein und visualisieren, wie dieses Licht den Platz der inneren Last einnimmt. Auch diese Übung wird drei Mal wiederholt.

Wir wiederholen das Gebet an den Heiligen Franziskus (siehe Kapitel Gebet des Heiligen Franz von Assisi) drei Mal und sagen jeweils zum Schluss:

Erzengel Uriel und
Ihr Engel des Friedens.
Ich nehme Euer Geschenk des Friedens
in meinem Herzen,
in meiner Seele, in meinem Geiste,
in meinem Körper und in
meinem Denken an!
Lasst mich zu einem Werkzeug von
Gottes Frieden werden!

IX.
Engel der Freude

Farbe: Violett

Schutzengel: Zadkiel,
„Die Rechtschaffenheit Gottes“

Spirituelle Heimat: Kuba

Gewähren:

- *Spirituelle Gaben:* Seelenfreiheit, Glück, Frohsinn, Verzeihung, Gerechtigkeit, Gnade, Auflösung schmerzhafter Erinnerungen und negativer Eigenschaften.

- *Praktische Hilfe:* Toleranz, Diplomatie, Inspiration für Wissenschaftler, Ingenieure, Architekten und Schauspieler.

- *Dienst an der Welt:* Auflösung von Erinnerungen an frühere Staats- und Völkerfeindseligkeiten; Inspiration zu fruchtbaren Verhandlungen, beim

Erstellen neuer Gesetze und bei Verhandlungen in den Bereichen der Wirtschaft und des Friedens.

— FIAT —

ICH BIN DIE LEBENDIGE FLAMME
KOSMISCHER FREIHEIT!

Negative Erinnerungen sind besonders schwer zu überwinden. Sie beeinträchtigen unsere Beziehungen zu unseren Mitmenschen wie auch das Bild, welches wir von uns selbst haben. Solche Erinnerungen müssen uns gar nicht unbedingt bewusst sein, um uns zum Hindernis zu werden. Oft stehen sie hinter einem dünnen Schleier des Verdrängten und beeinflussen dennoch die Art, wie wir mit unseren Mitmenschen oder Problemen umgehen oder wie wir versuchen, unsere Ziele zu verwirklichen.

Zadkiel und seine Engel der Freude können uns hier besonders guten Beistand leisten. In der jüdischen Tradition gilt Zadkiel als Engel des Wohlwollens, der Gnade und der Erinnerung. Er und seine Engel lehren uns, mit der violetten Flamme Gottes umzugehen, deren Licht die höchste Schwingungsfrequenz hat und in der Lage ist, all jene negativen Erinnerungen aufzulösen, die uns daran hindern, unser volles Potenzial zu entfalten.

Diese violette Flamme bringt uns Seelenfreiheit, Freude und Erfüllung, indem sie uns von einschränkenden Verhaltensweisen befreit. Außerdem können wir mit ihrer Hilfe unser Karma wie auch all die Gewohnheiten überwinden, die uns so verletzbar durch Schmerz, Leid, Unfälle und Krankheit – kurzum all das, wozu wir den Beistand der Engel erflehen – werden lassen.

Wie das funktioniert? In der Vergangenheit haben alle von uns Gottes Energie schon einmal missbraucht, indem wir sie in negativen Gedanken oder Gefühlen gebündelt haben. Diese Energie belastet nun jedoch unseren Alltag und hindert uns daran, mit Gott eins zu werden. Durch die tägliche Anrufung der violetten Flamme mit Dekreten können wir diese negative Energie in positive verwandeln. Dieser Vorgang wird auch Transmutation genannt. Zadkiel spricht: „All diese gefangene Energie muss durch das violette Feuer geläutert werden." Durch all unsere „violetten" Dekrete und die damit einhergehende Verwandlung negativer Energie erzeugen wir positive Energie und zugleich neuen Freiraum für den Segen und die Gaben der Engel.

Die violette Flamme kann uns auch helfen, unseren Körper von Drogen, Pestiziden oder anderen chemischen Rückständen zu reinigen, die unsere natürlichen Körperfunktionen beeinträchtigen können. Einige Dekrete und Visualisierungen an die violette Flamme, durch die Erzengel Zadkiel und seine Engel uns mit Freude erfüllen können, sind auf den letzten Seiten dieses Büchleins angeführt.

Der größte Schritt
der Selbstentfaltung
liegt im ständigen Gebrauch
der violetten Flamme.

Erzengel Zadkiel

X.
Dekrete und Gebete an die Engel

Jede Engelsanbetung sollte wie folgt eingeleitet werden:

Einleitung:
Im Namen von ICH BIN DER ICH BIN rufe ich die sieben Erzengel und ihre Legionen des Lichts an. Ich rufe Erzengel ______________.
und seine Engel der______________.
Ich bitte Euch ______________.

Außerdem bitte ich darum, dass meine Anrufung auf all jene Menschen ausgedehnt wird, die diese Hilfe ebenso benötigen.

Ich danke euch und akzeptiere, dass dieses hier und jetzt nach dem Willen Gottes geschehe.

Reiseschutz

Visualisierung:

Wir stellen uns vor, Erzengel Michael umgibt uns vollkommen; oben, unten und auf allen vier Seiten. Wir tragen Rüstung und Helm aus blauem Stahl, die unseren Körper und Geist vor jeglicher materiellen oder spirituellen Gefahr schützen. Wir versuchen nun, dieses Bild während des ganzen Tages vor unserem geistigen Auge zu behalten.

Wir können mit dieser Visualisierung auch anderen helfen. So können wir uns z.B. auf unserer Fahrt zur Arbeit vorstellen, wie Erzengel Michael alle anderen Fahrzeuge dieser Welt beschützt. So wird die Wirkung unseres Gebets vervielfacht und gibt Millionen von Engeln zu tun.

Folgendes Gebet sollte zuerst langsam und bewusst gesagt werden. Später können wir es auch schneller aufsagen.

Erzengel Michael vorne!
Erzengel Michael hinten!
Erzengel Michael rechts von mir!
Erzengel Michael links von mir!
Erzengel Michael oben!
Erzengel Michael unten!
Erzengel Michael, Erzengel Michael
wo auch immer ich geh!

ICH BIN hier und jetzt Teil
Seiner beschützenden Liebe!
ICH BIN hier und jetzt Teil
Seiner beschützenden Liebe!
ICH BIN hier und jetzt Teil
Seiner beschützenden Liebe!

Meditation zur Erleuchtung

Visualisierung:

Stellen wir uns vor, wie unser ganzer Kopf erfüllt und umgeben vom goldgelben Licht Gottes ist. Dann visualisieren wir, wie die Engel der Erleuchtung unseren ganzen Körper und den Raum einen Meter um ihn herum mit diesem Licht überfluten. Wir fühlen, wie wir bei jedem Atemzug Kreativität und Inspiration einatmen. Alle finsteren Gedanken, alle Mutlosigkeit vergehen in diesem Licht.

Oh, du Flamme
strahlenden goldnen Lichts
Kommst wunderbar uns zu Gesicht
ICH BIN das Licht
in jeder Zelle unsres Geists.
ICH BIN die Weisheit, die alles weiß.
Ein endloser Quell
brennender Erleuchtung,
ICH BIN, ICH BIN,
ICH BIN Erleuchtung.

Gebete an die Engel der Liebe

Visualisierung:

Bevor wir zu den Engeln der Liebe beten, legen wir die Hände auf unser Herz. Während wir Gott huldigen, sehen wir uns selbst als eins mit allem Leben dieser Welt, eins mit dem ganzen kosmischen Ozean von Gottes Bewusstsein. Wann immer wir die Worte sprechen, visualisieren wir ihre Bedeutung. Diese Gebete schaffen starke Bande zu Erzengel Chamuel und seinen Engeln der Liebe.

Wie der Duft der Rose

Wie die Rose verströmt den Duft
Durch ihr Öffnen in der Luft,
So strömt mein Gebet oh Gott zu Dir,
Eins jetzt mit dem kosmischen Meer.

Gileads balsam

Oh unsterbliche Liebe, Liebe Gottes
Entfalte alle in deinem Glanz;
Schicke dein himmlisches Mitleid,
Um sie alle zu erheben.
Lasse deine Kraft walten
Und sende deine Strahlen in dic Welt
Und an alle, die dort leben,
Wo nur Schatten zu sein scheint.
Lass das Licht Gottes erleuchten,
Um die Menschen vom Leid zu erlösen.
Erhebe sie und kleide sie, o Gott,
mit Deinem mächtigen Namen ICH BIN!

Affirmationen zur Engelsführung

Visualisierung:

Während wir diese Affirmationen sprechen, stellen wir uns vor, wie Erzengel Gabriel mit seinen Engeln der Führung unseren Körper, unseren Geist und unsere Seele mit dem weißen Licht der Zuversicht, Freude und Führung durchflutet. Wir ergeben uns in Gottes Plan und können sicher gehen, dass sich uns der Weg offenbaren wird, ihn zu erfüllen. Dabei dürfen wir nie vergessen, dass jedes „Ich bin …“ zugleich auch bedeutet „Gott in mir ist …“

ICH BIN das reine, strahlende
Bild Gottes in mir selbst

ICH BIN die Erfüllung meiner
eigenen Mission

ICH BIN eins mit dem Herzen
Gottes

ICH BIN die Liebe Gottes

ICH BIN die himmlische Liebe

ICH BIN die Liebe der Engel

ICH BIN die Liebe der Erzengel

ICH BIN die wahre Liebe

ICH BIN die Erfüllung des
großen Lebenszwecks, für den
ich meinen ersten Atemzug tat.

Affirmationen für die Ganzheit Christi

Anleitung:

Diese Affirmationen werden zur Heilung von Körper, Geist und Seele anderer oder uns selbst gesprochen. Dabei beginnen wir mit dem Gebet an Raphael und die Engel der Heilung und fügen den Namen und die Umstände der Krankheit der zu heilenden Person ein.

Visualisierung:

Wenn wir dieses Gebet ein paar Mal wiederholt haben, werden wir es auswendig, mit geschlossenen Augen sagen können. Mit geschlossenen Augen können wir uns besser vorstellen, wie das weiße und grüne Licht der Heilung die leidende Person oder das kranke bzw. verletzte Organ umhüllt. Wir visualisieren, wie die Engel die zu heilende Stelle mit ihrem Licht bestrahlen, und unser ganzer Körper dann in hellem weißen und grünen Licht erscheint und jede einzelne Zelle vollkommen wird. Schließlich visualisieren wir den Körper frei von allen Beschwerden.

ICH BIN die Offenbarung
Von Gottes Vollendung
In Körper, Geist und Seele.
ICH BIN die fließende Führung Gottes,
Die mich heilt und ganz erhält!

Oh, Ihr Atome, Zellen und Elektronen,
Aus denen mein Körper besteht,
Macht, dass der Gottesfunke in mir
Sich durch die göttliche Vollendung entfaltet.

Die Spiralen der Ganzheit Christi
Umhüllen mich mit all ihrer Kraft.
ICH BIN die Allgegenwärtigkeit des Herrn,
Die gebietet „Es werde Licht!"

Affirmationen an die Engel des Friedens

Anleitung:

Diese Affirmationen sind besonders dann wirksam, wenn wir uns Sorgen um ein Projekt oder Streit in unserer Familie, Gemeinde oder unserem Staat machen. Wir können den Friedensengeln vertrauen, all diese Fragen zum Besten zu lösen.

Visualisierung:

Wir stellen uns vor, wie die goldene und purpurne Energie Uriels und seiner Engel des Friedens die fraglichen Situationen oder Personen umgibt. Wir visualisieren, wie die negative Energie durch die Kraft des Friedens aufgelöst wird.

ICH BIN der sanfte Regen des Friedens

ICH BIN die Offenbarung göttlicher Vollendung

ICH BIN der himmlische Herzschlag göttlicher Liebe

ICH BIN die Kraft unendlicher Liebe und des
Mitleids in uns allen

ICH BIN die alles nährende Flamme der Liebe

ICH BIN die Erkenntnis der Kraft der Liebe

ICH BIN die Äußerung göttlicher Freiheit

ICH BIN der unendliche Frieden in der
stofflichen Welt

ICH BIN die Kraft der Ruhe

ICH BIN die Kraft der Springflut von Liebe
und Frieden, die Zwist und Unglück
hinwegwäscht

ICH BIN die Erneuerung der Hoffnung in
den Herzen der Verzweifelten

ICH BIN das Verständnis, wo immer offene
Ohren und Herzen sich einfinden

ICH BIN die Befreiung der Menschheit von
den Plagen der Kriege

ICH BIN der Bote des Friedens.

GEBET DES HEILIGEN FRANZ VON ASSISI

Anleitung:

Eine ideale Ergänzung unserer täglichen Meditationen und des Loslassens mit Erzengel Uriel (S. 87ff.)

Herr
Mach mich zu einem Werkzeug Deines Friedens
dass ich liebe, wo man hasst,
dass ich verzeihe, wo man beleidigt,
dass ich verbinde, wo Streit ist,
dass ich die Wahrheit sage, wo Irrtum ist,
dass ich Glauben bringe, wo Zweifel droht,
dass ich Hoffnung wecke, wo Verzweiflung quält,
dass ich Licht entzünde, wo Finsternis regiert,
dass ich Freude bringe, wo der Kummer wohnt.

Herr
Lass mich trachten
nicht, dass ich getröstet werde,
sondern dass ich tröste,
nicht, dass ich verstanden werde, sondern
dass ich verstehe,
nicht, dass ich geliebt werde, sondern
dass ich liebe.

Denn wer sich hingibt, der empfängt,
wer sich selbst vergisst, der findet,
wer verzeiht, dem wird verziehen,
und wer stirbt, der erwacht zum
ewigen Leben.

GEBETE AN DIE ENGEL DER FREUDE

Visualisierung:

Bei den Gebeten an Zadkiel und seine Engel der Freude visualisieren wir sein violettes Licht wie ein großes Freudenfeuer um uns herum. Dieses Violett reicht von sanft-hellem Lila bis zu glänzendem Amethyst. Wir stellen uns vor, wie die Engel all unsere Lasten, Sorgen und Ängste von uns nehmen und sie in diese Flamme werfen, wo sie in positive Energie umgewandelt werden.

ICH BIN die Grenzenlosigkeit des
Geistes des Lichts
ICH BIN das Bewusstsein der Herrlichkeit Gottes
ICH BIN das Bewusstsein der Macht
Gottes
ICH BIN das Bewusstsein der violetten
Flamme, die alle Schatten durch die
Kraft Gottes zur Reinheit des großen,
kosmischen Lichts wandelt

ICH BIN das gesegnete Gefühl,
dass Gottes Glückseligkeit durch
all die Poren meiner Haut, meines
Geistes und meines Herzens strömt

ICH BIN die Befreiung von allen
Grenzen

ICH BIN die Befreiung von allen
Ängsten

ICH BIN die Befreiung von allen
Sorgen und Bedenken

ICH BIN das Ja meiner Seele und
begebe mich in die Hände des
unendlichen Gottes

ICH BIN Gottes Freiheit in der
stofflichen Welt

ICH BIN Gottes Glückseligkeit in
der stofflichen Welt

Ich akzeptiere diese Freiheit hier
und jetzt!

Ich bin die violette Flamme

Anleitung:

Wir senden die violette Flamme an alle inneren und äußeren Hindernisse, die uns Glück und Freiheit in Gott vorenthalten.

Visualisierung:

Wir stellen uns vor, wie Zadkiel und seine Engel der Freude ihr violettes Licht in jede Zelle, jedes Atom unseres Wesens und in die Situation fließen lassen, für die wir gerade beten. Diese violette Flamme verzehrt alles Leid, alle Verzweiflung, allen Schmerz und alle Einschränkungen, so wie ein Schwamm Kreide von einer Tafel löscht.

ICH BIN die violette Flamme,
Die jetzt in mir brennt.

ICH BIN die violette Flamme
Und beuge mich nur dem Licht.

ICH BIN die violette Flamme
In all ihrer kosmischen Kraft.

ICH BIN das Licht Gottes,
Das ständig scheint.

ICH BIN die violette Flamme,
Die glüht wie eine Sonne.

ICH BIN Gottes heilige Kraft,
Die jeden befreit.

Mit Engeln arbeiten

XI.
Anhang: Hinwendungsformen zu Gott und den Engeln nach Elizabeth Clare Prophet

Gebet: Ein Gebet ist ein an Gott gerichteter, frommer Antrag, eine inständige Eingabe, flehende Bitte, jegliche Form einer spirituellen Zwiesprache mit Gott oder auch ein Akt der Verehrung, Anflehung, Danksagung oder Beichte. Unter diese Bezeichnung fallen auch Formeln oder Wortsequenzen, die zum Gebet bestimmt sind, wie z. B. das „Vaterunser“.

Invokation: Dies ist der Akt der Anrufung Gottes und der Wesen, die eins mit ihm sind, eine Segnung der Menschheit durch die göttliche Kraft, Weisheit und Liebe zu offenbaren und Licht, Energie, Frieden und Harmonie wie im Himmel so auf Erden zu manifestieren.

Dekret: Das Dekret ist die stärkste aller Hinwendungen zu Gott.
Durch ein Dekret fordert der Sohn/ die Tochter Gottes im Namen der „Ich Bin"-Gegenwart und des Christus, dass sich der Wille des Allmächtigen Gottes wie im Himmel so auf Erden offenbare. Somit wird das Reich Gottes durch die Kraft des gesprochenen Wortes augenblicklich real und wahrhaftig.

Anrufung: Die Anrufung ist die direkteste Weise der Kommunikation zwischen Mensch und Gott, Gott und Mensch, die häufig in Notfällen gebraucht wird. Wie zum Beispiel: „Oh Gott, hilf mir! Erzengel Michael, übernimm das Kommando!"
Eine Anrufung ist die Forderung oder die Erhebung eines Anspruches auf die Gegenwart des Herrn, eine direkte Anfrage, der Akt der Aufforderung Gottes und der Befehl seiner Heerscharen.

Anrufen: Mit einer lauten und bestimmten Stimme sprechen, sodass man auch in der Ferne gehört wird.

Fiat: Fiats sind Ausrufe der Kraft, Weisheit und Liebe Christi, die hier und jetzt bewusst affirmiert und akzeptiert werden.
Ein Fiat ist ein maßgebender Befehl, eine kurze, dynamische Anrufung, die in der Regel mit dem Name Gottes „Ich Bin“ beginnt, wie zum Beispiel: *Ich Bin der Weg! Ich Bin die Wahrheit! Ich Bin die Auferstehung und das Leben!*

Bestätigung oder Affirmation: Affirmationen sind Fiats, die die höhere Wahrheit im Bewusstsein und Leben des Menschen bewirken. Affirmationen umfassen die Behauptung, dass etwas existiert oder wahr ist, eine Bestätigung der Wahrheit oder eine feierliche Erklärung.

ELIZABETH CLARE PROPHET ist eine weltbekannte Autorin. Zu ihren populärsten Werken gehören *Your Seven Energy Centers: A Holistic Approach to Physical, Emotional and Spiritual Vitality* und eine Reihe von Taschenführern zu „Praktischer Spiritualität". Ihre bahnbrechenden Bestseller sind *Saint Germain's Prophecy for the New Millenium, The Lost Years of Jesus: Documentary Evidence of Jesus' 17-Year Journey to the East* und *Reincarnation: The Missing Link in Christianity.*

Elizabeth Clare Prophet ist eine Pionierin in Techniken angewandter Spiritualität. Ihre Arbeiten ermittelten überdies die kreative Kraft des Klangs für die Entfaltung unserer Persönlichkeit und den Wandel der Welt. Seit den 60er-Jahren hält sie Seminare und leitet Arbeitsgruppen in aller Welt zu den verschiedensten spirituellen Themen: Dazu gehören Engel, Auren, Seelenpartner, Prophezeiungen, spirituelle Psychologie, Wiedergeburt und die mystischen Pfade der Weltreligionen.

INFORMATION: Für weitere Informationen zu Büchern, Kassetten, CDs in englischer Sprache und Seminaren zu den spirituellen Techniken dieses Buches wenden Sie sich bitte an:

Summit University Press,
PO Box 5000, Corwin Springs, MT 59030-5000, USA
Tel: 001-406-848-9500 | Fax: 001-406-848-9555 | e-mail: tslinfo@tsl.org

Elizabeth Clare Prophet
& Patricia R. Spadaro

Alchemie des Herzens

Wer mehr liebt, wird mehr geliebt

ISBN 3-89845-050-3; 256 Seiten, broschiert , € [D] 6,95 / sFr 12,40

In einem Fünf-Punkte-Programm wird das Herz des Lesers allmählich in eine höhere Frequenz seiner Liebesfähigkeit geführt. Es wird gezeigt, wie er sein Herz für höhere Schwingungen öffnen kann, wie er es stärkt und heilt, wie er es weiterhin vor niedrigen Schwingungen schützt, bis er schließlich ganz in sein Herz eindringt, d. h. bis er ganz zu einer höheren Liebesschwingung gelangt, die ihn mit der göttlichen Liebe vereint. Meditationen und Affirmationen unterstützen den Leser, dieser Erhöhung der Liebesschwingungen immer näher zu kommen. Denn ist der Leser in den Tempel seines Herzens eingedrungen, kann er sich mit seinem inneren Lehrer, seinem höheren Selbst, in Verbindung setzen, um sich alle Fragen, die ihn bewegen, beantworten zu lassen.
Dieses handliche Buch ist im wahrsten Sinne ein Herzensjuwel, ja ein Vademecum auf dem Weg zu einer höheren Liebe.

Elisabeth Kübler-Ross

Der Dougy-Brief

Worte an ein sterbendes Kind

ISBN 3-89845-033-3; 16 Seiten,
broschiert , € [D] 6,95 / sFr 12,40

Elisabeth schreibt an einen krebskranken Jungen einen Brief, in welchem sie ihm erklärt, warum es Gott so eingerichtet hat, dass wir Menschen auf Erden geboren werden und wieder sterben müssen. Diesen Brief hat sie mit Buntstiften geschrieben und mit Zeichnungen versehen.

Trutz Hardo

Das große Handbuch der Reinkarnation

Heilung durch Rückführung

ISBN 3-89845-047-3; 480 Seiten,
gebunden, € [D] 29,90 / sFr 50,20

Jede Krankheit, jedes Problem hat seine Ursache. Oft liegt diese Ursache in einem früheren Leben. Deckt man sie auf, wird häufig eine spontane oder wenigstens allmähliche Heilung erreicht. So heilt die aus Amerika stammende Rückführungstherapie oft dort, wo jede „klassische" Therapie versagt – von „einfachen" Beziehungsschwierigkeiten bis hin zu Erkrankungen wie Migräne, psychosomatischen Erkrankungen oder sogar Krebs.

Dieses Handbuch ist mehr als ein Arbeitsbuch für Mediziner oder Therapeuten. Es ist auch für all jene Menschen bestimmt, die Probleme haben oder die krank sind oder sich einfach nur um Heilung Gedanken machen.